백조의 꿈

서목惰穆 조 미 곤 시집

다솜출판사

시인의 말

어릴 적 고요한 산골 마을에서 밤하늘의 별을 보며 자랐습니다.
글을 읽는 것을 좋아하여 신문지 조각도 그냥 버리지 못하는 버릇이 있었습니다. 도회지에서 공부하던 언니가 가져다 준 <작은 아씨들>루이자 메이 올콧의 책을 읽으며 나의 꿈도 함께 자랐습니다.

덕분에 2002년 <문예한국> 동시분야에 등단하였습니다. 동요가사 쓰기, 동화, 아동문학에 관심이 많았습니다. 방과 후 강사, 문화 센터 강사로 강의를 하며, 어린이에게 꿈이 되고 싶었습니다. 거침없이 지나가는 시간은 나를 양산으로 이끌었고, 양산 천에 날개 접은 외로운 백조였습니다.

그러던 중 양산 문화원 시문학반이 개강되었습니다. 시를 쓰며 행복의 나날이었고 다시 날고자 웅크린 날개를 추슬러 봅니다.

지도해 주신 선생님과 글벗들 감사드립니다. 원고들을 모아 서툰 시집이라도 낼 수 있게 도와 준 남편께 고맙게 생각하며 용기를 가지게 되었습니다.

감사합니다.

2024년 5월

저자 조미곤

차례

제2부 마중물

제4부 건너온 나룻배

제1부 백조의 꿈

백조의 꿈

그대를 그리던 꿈속에서
하얀 백조 한 마리
한아름 고뇌를 안고 불안전한 날개를 펼치며
눈물 되어 흐르는 양산천에 내려앉았다

군무에서 낙오된 슬픈 모가지 숙인 채
옛 기억을 달고 있는 퉁퉁 부은 두 눈두덩에
애처로운 날갯짓은 무엇을 말할까?

옛 것은 흔적 뒤에 숨어들고
바람이 세차게 부는 강변
모래알 휘날리던 시절은 가고
회색빛 시멘트 둑 위를 연인들이 걷고 있다

강줄기 끝에는 미지의 안개가 아름답게 피어나던 그때
나는 꿈길을 헤매며 그대를 만나
그대는 나의 시가 되어 그리움이 무엇인지 속삭여주었다

물 위에 앉아 끊임없이 저어보는 붉은 물갈퀴
그 속에 생의 집념이 가득 스며있어
내가 늘 간직한 멋스러운 그대를 상상하며
하루하루 기쁨으로 꿈꾸며 산다

기다리는 봄

앞산 소나무 숲
희끗희끗한 봄눈이 봄꽃에 녹으면
아지랑이처럼 나타나는 월계와 시동

거지의 고정관념에는
동냥이 당연하다

고향에 볼 수 있는 자유인가!
봄의 일탈을 꿈꾸며
따뜻한 봄을 기다리고 있다

겨울을 녹이는 봄

두터운 얼음장을 뚫고 나오는 겨울
기운이 다 빠져 허덕이고 있다

온 몸에 가시가 박혀있듯
괴로움이 돌아다니는데
하나의 생명을 유지하려는 용기
힘의 원천이 어디에서 나올까

어느덧 노을이 내 곁에서
기다리고 있지만
차가운 몸을 데울 사랑과 용서
베풀고 싶다

봄 햇살처럼 따뜻한 마음으로
아름다운 꽃을 피울 봄
얼어붙은 차가운 마음을 뚫고 나온다

봄소식

금정산을 덮고 있는 짙은 안개에
봄이 모락모락 피어나고 있다

햇살은 언 땅을 녹이고
희망의 싹을 틔우며
솟아오른 새싹 사이를
평화롭게 봄의 마당을 뛰어다니는 병아리

개선장군처럼 화려한 귀향을 하고 싶지만
여인의 옷자락에 묻어오는 조용한 봄바람
평화스런 희망과 사랑을 계절에게 전한다

버들피리

미루나무 가지 꺾어 만든 피리
굵기와 길이에 따라
소리가 다르다

서툰 울음에
정련된 경험을 쌓아가고 있었다

얇게 저민 피리 끝에
입안에 풋내 가득할 때
가슴을 부풀게 하는 높은 소리가
봄을 알리기도 했다

불고 또 불어
이제 나는 활기찬 노래로
사람들의 가슴에 봄을 안기리라

산 벚꽃

겨우내 움츠렸던 몸
추슬러 꽃을 피웠건만
아직 따뜻한 마음이 보이질 않는다

가로수 벚꽃은
빗줄기에 채이고 바람에 흐느적 거리며
땅 바닥에 떨어져야하는
시련이 괴롭다

디자인 공원에는
그리던 님 보이지 않고
큰 키에 다정한 모습으로
내려다보고 웃고 있는 산 벚꽃

작은 흔들림에도 활짝 웃는
벚 꽃 같은 사람 되어
모두에게 축복을 내리고 싶다

데칼코마니

산 들머리 산책길을 걸으면
중산리 계곡에 내려앉은
하늘의 데칼 코마니

하늘과 구름과 산이
계곡물에 뛰어 들었다

구름과 함께 바위 위에 앉아
전설처럼 내려오는 이야기에
씻기는 고통

나는
또 하나의 하늘에 발을 담근다

길을 걸으며

인생은 부모를 마음대로 선택할 수 없이
엄마 뱃속에서부터 삶이 시작된다

선택을 못 해 머뭇거리는 순간에도
후회할 수 없이
끝내 되돌아올 수 없는 숙명의 길

원하지 않았던 엄마의 길을 걸으며
가시덩굴 무성한 길에 가끔 접어들기도 한다

만일 뜻대로 다른 길을 선택할 수 있다면
지금의 나와 무엇이 달랐을까?

남은 길을 다르게 걸어 볼까 생각했으나
길지 않는 인생에
여러 갈래 길이 내 앞에 놓여 있었다

잘못된 길로 들어서려다
몇 번의 소나기를 만나
호되게 아픔을 앓고 날 때마다
나이테가 조금씩 넓어지고
뿌리까지 튼튼해졌다

강물은 아름답다

평평한 세상에 뿌린 씨가
싹이 트고 자라기 시작한다

부러움이 질투로 변한 어두운 생각
땅에 협곡을 만들고
균열 속에 물이 흐르게 된다

실개천 같은 강이라도
점점 넓어져
물줄기가 큰 강을 이룬다

아무나 갈 수 있는 곳은 아니지만
건너편 배움의 문이 열린 곳으로
그 위를 가로지르는 나룻배가 지난다

밤이 되면
밤새워 놀다간 별들은 모래밭을

은빛으로 빛나게 하며
경호강은 많은 시를 안고 흐른다

눈물의 도전

눈물 나도록 무거운 삶
신발 끈을 조여야 했다
끊임없는 고통을
자식들 핑계로 참아낸 여인

어느 봄날
늦은 나이를 안경테에 걸치고
주위를 살핀다

어디 좀 다녀오겠다는 부자연스러운 말
몇 마디 남기고
텐트나 침낭도 없이
작은 자루 하나만 들고
자유의 몸이 되어 걸었다

걷다 보면 시간이 흐르고
걸어온 길도 쌓인다
삶은 그냥 걷는 것이다

언제나 운명은 약자에게 가혹했다
추위와 배고픔에 무릎에 통증은 심해지고
길을 떠난 지 4개월 후
낯선 산 정상에 도착했다

강인함과 거리가 먼 나약하기 그지없는 그녀가
왜 험한 여정을 보낼까?
그냥 걷는 것을 택했다
남들은 인생을 마무리할 나이에
새로운 도전을 시작하는
두 번째 인생이다

도자기 되어

유 좋게 양반집에 태어났다

호미와 괭이에 찍히고 패이며
포크레인 주먹에 쥐어박히는 수난을 겪고
가뭄이면 살이 갈라지는 아픔이나
큰물 지면 병충해로 초조해지는
논밭에서 태어나지 않음이 감사하다

혼자만 잘 산다면 무슨 재미있을까?
그냥 집에 머물지 않고
선비가 되고 싶어 고향을 떠났다

수백수천 번의 손길을 거쳐
질척거리지도 마르지도 않은
적당한 사물의 이치를 깨달아도
마음을 다잡아도
잘 버무린 흙덩이가 내 속에서 꿈틀댄다

대쪽 같은 선비의 정신 따라
불가마의 고통을 참아낸다

이웃사랑을 담는
넉넉한 도자기로 태어나고 있다

물새

외로운 날이면 법기 수원지에 간다
기다리는 고목들은
추억을 주렁주렁 달고 반긴다

사시사철 푸른 잎을 달고
세월의 무게에 등이 휘어져
지팡이로 몸을 지탱하는 노송을 본다

빛을 향한 생각에
고달픈 생활도 잊어버린다

나목으로 한겨울 추위를 견뎠던 편백
시련을 이겨내는 겸손을 배운다

자연에서 느끼는 마음이
법기 수원지에서
한 마리의 물새 되어 하늘에 오른다

깔딱 고개

거의 다 넘어가는 고개
불청객이 발목을 붙잡는다

다 오르지 못한 산에 대한
아쉬움으로 끙끙거린다

엄마의 약손으로 등을 토닥여 주든지
정신이 번쩍 들도록
아버지의 꿀밤 한 대에
금방 훌훌 털고 일어나고 싶지만
왜 이리 어려운지…

이렇게 끙끙대면
문득 초라해질 때가 있어
혼자 넘어야 하는 고개가 힘든 줄
갈수록 느껴지는 삶의 고갯길

채우고 싶은 마음

갓 태어난 도자기에
무엇으로 채울까?
부드러운 소리일까, 강인한 힘일까

이슬처럼 맑은 울림이 있고
가을 하늘처럼 맑고 투명한
마음을 담고 싶다

겨울처럼 차갑고 냉철한 머리에
봄바람처럼 따뜻한 마음 가지고
봉사하며 살고 싶은 삶이 그립다

불의를 물리치고
사랑으로 감싸며
주변을 기쁘게 하고 싶다

실타래

어린 시절
낡은 털 스웨터를 풀어 대바늘로 실뜨기한다

옷의 형태를 갖추고 있던 실은
많이 엉켜있어 잘 풀리지 않는다

굽은 실을 평평하게 당겨 따뜻한 김을 쐬면
곧게 펴진다

헝클어진 마음도
따뜻한 입김으로 대화하면
구부러진 오해도 웃음으로 펴진다

친구들과 실을 교환하며
여러 가지 색실로 무지개무늬의 목도리를 뜬다

우리네 결 고운 마음으로
이룰 수 있는 아름다운 정을 뜨고 싶다

두부

뭉쳐야 모양이 나옵니다

한 솥에서 부글부글 끓어 혼동될 때
바다의 기운을 살짝 가미하면 엉깁니다

네모난 틀 속에서 힘을 받으면
반듯한 두부가 됩니다
두부의 고향은 어디일까요?

밭에서 나는 소고기라는 말을 듣기도 합니다
한 나무에 여러 채의 집을 만들어
대여섯의 시구가 가자의 방에서
한여름의 뜨거운 햇살과 비바람을 견뎌냅니다

사람들을 위해 희생의 제물처럼
하얗거나 노랗게 제 몸까지 내어 줘
맷돌 위에서 내려와 두부가 됩니다

누구나 좋아하는 크고 작은 사각의 모양
모서리에 각이 져도 불편함이 없는
맛 좋은 두부가 됩니다

운동화

중학생이 되면
교복을 입고
고무신이 운동화로 바뀌는 과정이었다

엄지발가락과 발등 연결 부분에
주름이 잡혀
때가 잘 타는 천으로 된 실내화는
쉽게 낡아졌다

다른 곳은 멀쩡하여
그 부분만 기워도 불편함이 없지만
용기가 없는 나
아직 걸어야 할 길이 많음을 알았다

무용 선생님이 핀잔을 주면
벗어버리고 싶던 신발을
외면 못 한 나약함

지금은

거친 길을 걸어도 기쁨이 잦다

불 꺼진 자취방

불 꺼진 자취방 방문 앞에서 서성이던
중학생 시절
공부를 마치고 집에 오면
쇠붙이로 된 자물쇠와 열쇠가
더욱 차갑게 느껴졌다

불을 켜면 어둠은 재빨리
구석 자리로 비켜간다

나를 안도의 숨을 쉬게 한다

자취방 같은 어둠 속
한 공간에서 숨을 쉬며 살아온 세월
서로의 외로움을 달래며
다시 불을 켠다

재기再起

남편은 주재원
아이들은 유학생
나 혼자 혹독한 갱년기를 앓았다

가족이 다 모였을 땐
이미 몸은 망가졌고
엎친 데 덮친 격으로
집안일까지 힘이 들었다

나의 몸부림에는
누구도 관심이 없었다

지금까지와는 다르게 생각하고
힘들어했던 일들 모두 버리고
이전과 다르게 살고 싶다

달집태우기

대보름의 달빛 아래
새해의 소원과 건강을 빌고
풍년을 기원한다

달집에 불이 타오르자
대나무 마디 터지는 폭음소리가
악귀를 쫓는다

사람들의 육체적인 고통과 정신적인 고뇌
태우는 불꽃에
한 해의 액운을 물리치려 몸부림친다

큰 달집에서 불을 떼 내어
논두렁에 불을 붙여 해충을 쫓는다
작은 쥐불놀이에 농작물이 보호된다

마을을 도는 풍물패
지신밟기가 바쁘다

제2부　마중물

엄마 목소리

오늘 시장에서 사 온 산딸기에
엄마의 목소리가 붉게 배어 있다

“한 번 다녀가렴”
분홍빛보다
더 짙은 목소리였다

“딸기가 다 졌나 봐!”
색 바랜 장미꽃처럼 아쉬움 가득한
엄마의 목소리

손주 보고 싶은 마음 포기한
타고 남은 재처럼 퍼석한
힘없는 목소리

산딸기 익는 계절이 되면
엄마의 음성이 목메게 그립다

시장에 산딸기가 붉게 익어 가지만
들리지 않는 엄마 목소리

엄마의 밭

학교에서 돌아오면
나를 반기는 건
덩그런 빈집뿐

책 보따리 마루에 던져두고
밭으로 향한다

밭 들머리에 핀 하얀 찔레꽃 향기는
호미와 한 몸이 되어
웅크린 엄마의 굽은 등을 어루만진다

자식들이 커 갈수록
엄마의 등은 더욱더 땅으로 향하고
호미도 엄마의 등을 흉내 낸다

밤이면 엄마의 또 다른 밭이 있다
물레 돌리는 소리를 자장가 삼아 잠이 든

나
자고 일어나도 호롱불 아래 시커먼 어머니의 등은
그 모습 그대로이다

구불거리는 산길과 들길은
다리를 쭉 뻗었는데
엄마의 굽은 등은 펴지질 않는다

굽은 등으로
당신의 하얀 수의를 지으시던 엄마

하얀 나비 되어
자유롭게 하늘에 날아올랐다.

어머니

여러 계절이 바뀌어도
나뭇잎이 매달려
할 일 다 한 후에
길바닥에 동그랗게 몸을 만다

낙엽은 허리가 굽어 펴질 줄 모르고
밟혀 바스락거리며
비명을 지른다

손끝만 대어도 으스러질 것 같은 삶을
고통 속으로 깊숙이 말아 넣으며
속울음만 삼키던 어머니가 생각난다

마중물

엄마라는 단어가
바람결에 스쳐 지나만 가도
내 삶에 마중물이 된다

물이 배관 속으로 흡입되어
가슴에 닿는 순간
펌프질하면
길어 올린 물을 배출 한다

나의 고단했던 삶이
울컥 쏟아질 때
갑갑했던 속이 시원하기도 하고
아프기도 하다

잔소리

집 뒤편 대나무 숲은
밤새 부는 바람에
마디가 흔들리며 자라고 있다

부엌에서 들려오는
어머니의 잔소리에
꿈이 섞인 소망이 담겨 있다

자유롭지 못했던 경제적 어려움에
이룰 수 없었던 꿈이라도
내게서 이루려 한다고 원망했던 나

사그락사그락
포기하지 않고 자라는 대나무 되어
하루 종일 듣는 잔소리에
아픔을 겪으며 지나온 나의 길

지금은
듣고 싶어도 들을 수 없는 엄마의 잔소리
마디마디 생겨나는 추억 속에
그리운 나날들을 살고 있다

가을에 맛보는 봄

불편한 다리로 산과 들을 헤매고
짝진 발자국을 산길에 찍으며
머윗잎을 땄을 얼굴
친구 생각이 난다

가을 밥상 위
기품 있게 올라앉은 자태
멀리서 달려온 장아찌에 실린
친구의 마음이 여기저기 보인다

힘든 시절에 의지하며 지낸
아픔과 기쁨에
곰삭은 머위장아찌가 달콤새콤하다

나는 이 가을에
친구의 정을 먹으며
봄 향기에 취한다

무언의 눈길

세상에 나온 지 64년
호적을 옮겨 온 지 35년 되는 해
남편이 차려준 생일상
미역국에 담겨있는 통 전복 하나
외눈으로 빤히 쳐다본다

기러기 생활로 살아온 섬 같은 세상
혼자서 두 사람 몫에
쇠약해진 몸으로
외눈박이 물고기처럼 가졌던 눈

이제 두 눈을 가지고
서로 의지하며 살자고 건네는 따뜻한 눈길
소리 없이 주고받는
사랑의 불길이 은은하다

선물

잠깐 귀국하며 사 온 남편의 선물
명품 가방도 스카프도 아닌 무소뿔로 만든
등 긁는 것이다

오랜 기러기 생활
손이 등 뒤에 닿지 않아
불편했을까?

나도 그럴 것이라는 생각에 사온 선물을 보며
서글픈 현실 앞에 숙연해지고
마음이 아렸다

내겐
바로 당신이 선물인 것을
알았습니다

창문

아침에 창문을 열면
앞집이 마주 보여
소통이 기지개를 켠다

저녁이면
창문을 빠져나온 불빛은
어둠과 소통하고
종일 있었던 일을 이야기하기 바쁘다

밤이 되어도 불빛 새어 나오지 않는 창문
한 달이나 굳게 다문 입과
꼭 감은 눈조차 볼 수 없다
단절된 대화는 종일 창문 앞에서 서성인다

하루속히 열린 창으로
이웃과 대화를 나누고 싶다

목화

잎에도 그물망 같은 혈관이 있다

엽육 사이에
물관부와 체관부가 있어
잎맥을 따라 생명이 돌아다닌다

먼저 나온 잎은
항상 할 일이 많다
개척과 희생정신으로 가득 채워져 있다

살아갈수록 잎은 차츰 수줍음을 타듯
어설픈 마음으로
아가씨의 붉은 얼굴을 내민다

늦가을
가슴의 문을 활짝 열고
찬란하게 눈이 부시도록
하얀 자태를 드러내 보인다

포근한 솜으로 채워 나가는 가정
행복이 스며있는 꿈의 세계를 열면
창밖에는 목화가 하얗게 익어가고 있다

조이풀 로드

남편은 나를 위해
맨발로 걸을 수 있는 황톳길을 만들었다

세상에 하나뿐인
'조이풀 로드'라고 이름 붙였다

비록 괴로움이 무릎을 꿇게 해도
고된 현실의 구속에서 자유롭게 걷고 싶다

화장기 없는 얼굴에
편한 옷을 입고
신마저 벗어 던진 맨발로 걷고 싶다

나는 "조"
남편은 "이" 씨
나를 알아보는 사람이 없는 곳에서
길섶 풀이 자란 '조이풀' 로드 위를 걸어간다

"이"는 하늘에 올라 별을 따다
이슬에 별빛을 녹여가며
아름답고 기쁨 가득 찬 길을 함께 걸어가고 있다

헌혈

캄캄한 어둠 속에 숨기고 있던 헌신獻身
밖으로 나와 일하고 싶다

고로쇠나무가 수군댄다
때가 왔다고

몸에 펴져 있는 혈관 속
흐르고 있는 정으로
남을 위해 헌혈을 한다

여기저기 침대에 누워있는
환자를 보며
움츠렸던 가슴을 펴고
조용히 나눔을 실천한다

참꽃

수술실 실려 가는 몸
지친 엄마의 심장이 매달려 있다
링거는 엄마의 눈에서 흐르는 눈물이다

다섯 손가락 펴 보이며
눈물과 말을 삼키던
엄마 입술이 부르르 떤다

엄마 기다리다
배고픔에 지쳐 바들바들 떨며 울던
동생 입술도 보였다

이른 봄에 피워 꽃샘추위 참으며
파르르 떨고 있는 참꽃잎
분홍으로 태어났으나
푸른색을 품고
보랏빛을 띠는 꽃잎이 줄곧 나를 슬프게 한다

소중한 행복을 꿈꾸며

작은 것은 눈에 잘 보이지 않습니다
소중한 행복이 작기 때문입니다

우리가 힘들 때
손을 잡고 배려했던 소중한 시간
참으로 행복했습니다

잠에서 깨어나 하루가 시작되는 이 시간
지난날 불렀던 님의 노래가
내 귀에 맴돌고
아픔을 이겨내어 부르던 노래
다시 한번 듣고 싶습니다

세월이 지나도 소박한 만남이
행복이기에 두근거리는 가슴으로
기다려집니다

누에나방이 되어

고치를 비집고 나온 나방
고통으로 잠들었던 시간 지나
인내로 만들어 가는 삶이 눈물겹다

날개가 달리고
하늘을 날 수 있는 자유를 얻었다

살아야 하는 필요한 계단을 거쳐
늘 꿈꾸던 사랑하는 자를 만나
기쁨에 머문다

자연과 더불어 꽃길을 걷고 있는
나
행복할 뿐이다

결혼생활

대나무 막대기에 가방을 걸고
일정한 거리를 유지하며
앞뒤에서 서로 짊어지고
늘 같이 걷는 생활

억지로 떼어 놓을 수 없는
평생을 함께하며 걸어야 할 인생길
손해도 이익도 없는 공평한 삶이다

그림자조차 사라질 인생이지만
더욱 굳게 맺어주는 결혼
믿음으로 행복했다

양산천의 사랑

꿈이 이루어지는
양산에서 살기로 했다

차이코프스키 음악같이 흐르는 양산천
꿈도 함께 흐른다

사랑의 힘으로 이루어진 꿈
심술 발동한 악마의 저주가 없다

손톱으로 그어 만들어진 강이라 하지만
우리 서로 다리가 되어준 백조의 날개

아무도 모르게
백조는 물속에서 발가락을 꼼지락거리고 있다

백조

알에서 깨어난 백조
체중을 줄이지 않아도
날기 위해 날개를 단련하지도 않아도
백조는 호수에 뛰어 든다

물 위에서
아름답고 도도하게 보이지만
우아한 자태를 지키기 위해
끊임없이 노력 한다

멈추고 싶은 유혹이 와도
물 아래에서는 쉼 없이
다리를 움직여야 한다

우아함과 깨끗함을 유지하기 위해
늘 깃을 다듬는 백조

낮에는 백조로
밤이 되면 공주로 돌아가야 하는 운명
왜 하필 백조가 마법에 걸렸을까

하얀 깃털에서 우러나는 도도한 자태
자식이 위험에 처하면
목숨 걸고 공격하는 백조

지크프리트 왕자가 찾아오면
진실한 사랑에 풀리는 마법
갈수록 우아한 자태가 부럽기만 하다

낙엽 편지를 읽고

카톡으로 보내온 낙엽으로 그린 그림

해바라기처럼 웃는 밝은 얼굴에
아름다운 드레스
한 손엔 축하의 꽃
다른 손엔 축하 의식의 촛불
분명 좋은 소식 알리고 싶은 뜻이겠지요

모진 비바람 견뎌내고 꽃을 활짝 피우며
나비처럼 춤추면서
우리가 염원하는 일을 이루었지요

움츠렸던 마음 털어버리고
아름다운 꿈을 활짝 펼치려는
각오로 알겠습니다

마음 졸이며 보낸 시기에
내가 받은 반가운 낙엽 편지
건강이 좋아지고 있다는 소식을 알았습니다

사랑하는 이여!

2022년 11월 5일

아버지의 등

큰물에 돌다리가 잠기면
아버지의 등에 업혀
거칠고 탁한 물살을 가르며
건너편 둑으로 건넜다

세월의 큰 강을 건너야 할 때
아버지 등이 생각나 그리움이 더하다

가끔 용트림하는 경호강
강물에는 용의 비늘로 번득이고
지난밤 아기별들이 흘리고 간 별 부스러기가
물 위엔 은빛으로 반짝인다

나는 살면서
부딪치고 거친 수많은 일들을 만날 때마다
아버지의 등에 업혀 건너던
경호강이 생각난다

다리 아래

나를 다리 밑에서 주워 왔을까
어릴 적 늘 두려운 마음이었다

가난한 자의 지붕 위를 걷는 사람들
나는 그 위를 지날 자격이 없단 말인가
차가운 바람은
훈훈한 가난의 행복을 모르는 채
다리 아래를 지나가고 있다

다리 위에서 떨어지는 것을
먹고사는 것도 아닌데
왜 다리 아래서 주워왔다고 했을까

묘한 감정들을 느끼며 살아온
지난 날들
믿지 않는 마음이 있지만
다리 아래서
영원한 탈출을 꿈꾸며 산다

수선화 심은 할머니

외진 골목에
풀을 뽑고 물을 주며
정성껏 가꾸던 정원
허리 굽은 할머니 수선화를 심는다

이른 봄
연노랑 치마에 짙은 노란저고리를 입고
지나가는 사람의 눈길을 붙잡는다

수선화가 예쁘게 피어나
꽃을 매달고 바람 따라 흔들리며
꽃을 피웠지만
애타게 기다리는 할머니가 보이지 않는다.

수선화 꽃잎 위로 지나는 바람더러
나의 안부를 실어 보낸다

내 몸도 함께 흐르고 있다

사진첩을 보며

시간에 바래 진 희끗한 머리에
미숙한 모습으로
긴 세월을 압축시켜
아직도 나를 쳐다보는 어머니

만져 볼 수 없어도
옛 기억으로 더듬어 보는
사랑하는 사람들

아무리 세월이 지나도 늙지 않은 모습
간직한 채
그림자 되어 사진 속에 미동이 없다

고요 속에
진한 그리움이 있는 얼굴등
나의 뇌리에
어머니는 살아 숨쉰다

응달 집

지리산 자락에 있는 응달 집
겨울의 끝자락을 붙들고 끙끙댄다

건너편 양지에는
파릇파릇한 새싹이
생동감으로 일렁이고 있어
양지가 부럽기 짝이 없다

차갑고 어두운 음달
두려운 그림자만 드리우고
언제 다시 양지를 기다리는
기대만 크다

찬란한 빛이 이글대는 도회지도 모르는 채
두려운 음지에서 살아온 어머니
얼마나 차갑고 우울했을까?

아무리 덩그렇게 큰 집인들
고됨을 딛고 일어섰지만
지리산 자락에 있는 응달 집에서
밤새 자식 위해 얼마나 많은 기도를 올렸던 나의 어머니

제3부 완장

아궁이

여린 나뭇잎은 노란 불꽃을 일으키고
삶을 겪는 길에서는 붉은 춤을
주황의 불꽃으로 춘다

혼자서 출 수 없는 춤
어울려서 추는 향연을 끝내고 나면
거뭇한 재[灰]만 남는다

내 입에서 태우는 언어들
피폐한 영혼으로
흐르는 세월 따라
재[灰]라도 남기지 못하는 아궁이가 되지 않을까?

목선

제주도 박물관에서
목선을 보며 흐르던 눈물

시커먼 파도가 쉴 새 없이
하얀 거품을 뱉어 낸다

머리에 수건 질끈 동여매고
긴 시간 동안 사투를 벌이던
구릿빛 얼굴에 헝클어진 수염
어부는 갈치를 지키지 못 한다

바다는 갈치 비늘로 번득이고
빈 배만 돌아왔다

돌담을 뒤로하고 땅바닥에
넋 놓고 퍼질러 앉아 있는 여인과
영문도 모르는 아이들의 눈망울이 안타깝다

아마 난 전생에 어부였나 보다

멀미

가만히 앉아 있어도
나무와 산과 들이 쌩쌩 달린다

배 속에 든 것이 없거나
꽉 차 있을 때도
버스를 타면 멀미한다.

오래 묵혀 꺼내고 싶지 않은 삶의 조각
엉망진창으로 뒤섞여 부글거린다.

죽을힘 다해 참고 있다

한계가 오면 폭발하듯
극에 달하면 멀리 파편을 튀기며
토하지만
버스는 나 몰라라 달리기만 한다.

나라도 멸미하며
서로 네 탓이라고 악다구니를 한다.

비움과 채움의 한계는
어디까지일까,
욕망의 마지노선이 있는 것일까

끓어오르는 욕지기를 꾹꾹 누르며
진땀을 흘리는 국민이 애처롭다

동반자

발걸음 소리 없이 찾아온 불청객
슬그머니 옆구리를 툭툭 치며 같이 살자 한다

몸속을 휘젓고 다니며
이런저런 신호를 계속 보내왔지만
눈치채지 못한 나
방심한 틈을 타
몸과 맘을 제 뜻대로 휘두른다.

병도 다리 뻗을 곳을 보고 입주했을 것
반갑지 않은 그와
사이좋게 살아가기가 여간 성가신 게 아니지만
서로 팽팽한 기 싸움하며
현실을 붙들고
동반자로 살고 있다

사은회

왼쪽 가슴에 손수건 달고
빡빡머리와 단발머리에
꾀죄죄한 옷소매 코흘리개 아이들
이제 일흔세 살 되어
아흔두 살 스승님 모시고 사은회 한다

초가가 시멘트 집으로 변화된
세월의 흐름에도
가족사까지 모두 기억하며
머리 희끗한 제자들에게
준비한 용돈과 덕담을 주신다

자신을 사랑하는 법을 가르쳐 주셨고
존재만으로 깨달음을 주신 선생님

'은사님!
감사드리며 사랑합니다!'

각설이 타령

추위를 견뎌내는
월계와 시동
남의 눈치를 살피는
거지라는 고정관념을 버리고
동냥한다.

산골 동네에
아이들이 각설이 타령을 부르며
거지를 따라다닌다

비가 오면 돌다리도 놓아 주고
비 오는 줄 모르고 산에서 땔감을 모으면
빨리 집으로 가라는 신호도 보낸다

벗어난 일상
머리에 꽃도 꽂아보고
춤도 추며 거지 흉내를 내는 우리

여자는 월계, 남자는 시동이라고 놀려대도
화내는 일이 없다

일탈을 꿈꾸고
봄소식을 안고 와
기다리는 여유
각설이 타령 속으로 모두를 끌어 들인다

빗소리

양철 지붕에 내리는 봄비소리에
추억을 더듬는다

고무줄놀이 노래에
친구 옥이가 폴짝 거리는 소리

짝지 자야가 반가움에 달려오는
발자국 소리

하굣길 갑자기 내린 비
토란 잎 우산위로 떨어지는 소리

'토도독 톡톡 토도톡톡'

빗소리에 추억을 꺼내보며 미소가 번진다

까치울음

비좁은 골목길을 메우는 울음소리
나뭇가지에 거꾸로 매달린
까치의 울음소리다

팬데믹에 사람들이 벗어버린
마스크 끈에 잡힌 발목
날지 못해 퍼덕이다가 피를 흘리며
의식조차 감감해진다

나도 내 발목에 끈이 감겨
한 발짝도 움직여지지 않는다

무책임한 질서가 부르는 고통
까치의 울음조차 점점 멀어져가는
골목

미안한 마음만
우리의 몫으로 남아있다

완장

어린 시절
멍이 들도록 완장을 찬 아이에게 맞아
꿈틀거릴 힘조차 없던 나
팔에 완장을 둘렀다

완장의 무게는 무겁고
힘은 강했으며
나는 뽐내고 싶은 마음에 갇혀버렸다

알지 못했던 완장에서
권력이 탄생하고
부지런함까지 스며들어
모범생이라는 빛을 발하게 되었다

두 개의 얼굴을 가지고
나를 저울질하는 완장이었다

도둑놈 풀

훔칠 손도 도망 다닐 발이나
보관할 주머니도 없는데 도둑놈이라니
억울하다

새싹으로 입맛 돋우는 나물
씨앗과 뿌리는 약용으로 헌신해도
욕을 먹으며 살아야 한다

때로는 탱자나무처럼 가시로
집을 지키기 위해
울타리가 되기도 한다

자손을 퍼트리기 위해
바짓가랑이에 붙어
먼 길 떠나 가정을 이루어 살기도 한다

도둑놈의 풀은 억울함을 풀지 못해
도깨비바늘로 태어나고 있다

가마우지의 비애

가마우지는 슬프도록 목이 길다
힘을 다해 잡았으나
종일 먹고 싶은 물고기
넘길 수 없다

목을 끈으로 묶어
잡은 물고기 삼키지 못하게 하는
모진 사람들
차가운 눈초리에 감시가 강한
강제 노동에 자유가 없다

새가 물고기를 잡는 순간
뜰채에 낚이어
반쯤 목에 걸린 물고기를 토하게 한다

끝없이 반복되는 행동
노동 착취와 허기진 배를 움켜쥐고
살아가는 설움
안쓰러운 가마우지

가고 싶은 길

한 치 앞도 안 보이는 길

덕지덕지 달라붙은 문명을 털어내고
겉치레까지 벗어던진
원시인의 삶이 부럽다

우주복에 꽁꽁 싸 메이고
장비에 갇힌 화성인도 싫고
천진난만한 어린이처럼 사는
자연인이 그립다

까치 소리

아파트로 이사 온 키다리 소나무
창 너머에서 기웃댄다

소나무에 걸터앉은 까치 한 마리
소파에 기대앉은 나와 눈이 마주칠 때
어색한 기분으로 헛기침한다

며칠 전부터 기다리던 친구 오려나
기대 속에 부푸는데
까치 소리가 요란하다

갑옷 입은 소나무

왜구를 물리쳤던 바다가 그리워
갑옷을 입었나

칠월의 초록
푸른 비린내가 온 산을 덮을 때
내 몸 구석구석에 의분이 스며들어
세포를 어루만져가며
거북의 갑옷을 흉내 내 본다

시원한 파도 냄새
짭짤한 소금기에 갑옷을 바랜다

비탈진 언덕에
무적의 갑옷 입은 큰 소나무 한 그루
둘레를 돌아보고
거북 머리에 얹힌 팔각정에서
상쾌한 마음으로 방황을 끝낸다

아라 홍연

나라 잃은 설움에
오랜 세월 지나도록 깨어나기 싫어
두꺼운 껍질을 덮어쓰고
수 세기 동안 잠들어 버린 사랑
꿈속에서 방황했다

무슨 인연인지 깊은 수면에 빠져있는
홍연을 깨우는 손길
700년 잠에서 깨어났다

함안의 아름다운 전설을 가슴에 안고
못에서 다시 피워 올린 고매한 모습
사람들의 발걸음이 바쁘다

강낭콩

강낭콩 안에 해가 떴다
씨앗은 저마다 익어갈 준비를 한다

가끔 이불같이 안개로 덮인
자연의 품에 안기면
뜨거운 태양열이 몰려들기 시작한다

주변에 있는 밭둑에서 삶을 느낄 때
나를 사랑해 주는 이가 있다는 것
생각하면
나는 춤을 추게 된다

내가 보답하려는 마음에 얼굴 내밀어 본다
쑥쑥 자라
꽃을 피우고
행복한 열매를 맺는다

포용

쌈은 모든 것을 포용한다

채소 잎 하나에 여러 음식을 넣고
양념을 넣어 먹으면
맛의 기쁨을 느끼게 한다

생각이 달라도 강요받지 않는 화젯거리
밥상 위의 정치 경제가 놓여 있어도
개의치 않고
쌈에 싸서 넘기기가 바쁘다

나는 쌈이 좋아 즐겨 먹는다
서로 다른 여러 재료도 어우러져
함께 싸서 먹을 수 있기 때문이다

안타까운 마음

책 속에 파묻혀 지나온 나날들
버리자니 아쉽다

날개 꺾인 백조처럼
갈 곳 몰라 헤맬 때
별이 되어 밤길을 안내해 주고
위로로 늘 함께 해주던 책 속의 글들

이사한다는 핑계로
가지치기 하듯
이별해야 하는 아쉬운 마음
괴로움이 앞선다

모두 다 데리고 살 수는 없지만
그때그때마다
인생길에서 가지치기를 하며
또 쓰고 버리고
안타까운 마음만 내 주위를 감돈다

나룻배

센 물살도 매서운 비바람도 맞서며
강을 건너는 나룻배

늦은 밤중이나 새벽에
급히 찾는 이 있으면
뱃사공은 졸린 눈을 비비며
잠이 덜 깬 나룻배를 깨운다

괴로워도 불평 없이
강 건너 다른 세상으로 건네준다

일터로
병원으로
혹은 배움의 길
가는 곳이 어디든
나룻배는 건너는 사람을 보며
부러움이 가득하다

오늘도 차별 없이
묵묵히 건네주는 고마운 나룻배

끝자락

자선냄비가 외치는 소리
마음속 깊은 곳까지
따뜻한 종소리 되어
차가운 마음을 녹인다

한 해가 저무는 끝자락에
차별 없는 마음이 차곡차곡 쌓여
울려 퍼지는 사랑의 종소리가 가깝다

구세군 자선냄비가
우리의 손을 애타게 기다리고 있다

가면

마음에 품은 진실
들키지 않게
감쪽같이 숨겨주는 가면

위선을 가리고 괴로움도 가리는
허상의 신기루

가면을 쓰지 않아도 될
천사 닮은 모습이라도
가리고 싶은 이율배반

벽에 걸려 있는 뭉크의 그림을 보며
내 표정을 거울에 들여다본다

절규에 가까운 회한을 느낀다

나 자신을 알았다

현실에 살면서
생각은 옛 사고를 뒤집어쓰고 산다

빠져나올 수 없는 늪에
겨우 빠져나오려 쌓아놓은 두둑에
걸려 넘어졌다

오로지 헤어 나오려는 노력에
빠져버린 힘
어찌할 바 몰라 수 없이 하늘을 올려본다

하늘은 벚꽃의 목젖이 보이도록
깔깔대며 웃는다
나는 무기력한 나를 보았다

석양의 갈대

멈출 수 없는 시간
초롱초롱 눈망울이 차츰 빛을 잃고
젊음이 자리를 떠나기 시작한다

눈부셔 쳐다볼 수 없는 햇빛보다
편안한 눈부심은
연륜에 더욱 빛난다

눈두덩이 붉어지도록 지친 몸이지만
한 폭의 그림처럼 아름답다

바람에 갈대는 고개 숙여
세월이 지나가게 한다

용서하는 마음으로

상처 있는 마음에 진정성 없는 화해는
상처만 더 깊어지고
성벽이 철갑을 두른 듯
경계하는 마음만 더 두꺼워진다

외로운 시간은
그믐에 비춰오는 달빛이
일렁이는 바다의 파도와 같았다

일흔이 자리 잡은 언저리
젊음이 빠져 나가 버린 나이에
마음으로 감싸 안으며
괴로움을 사랑으로 바꾸고 싶다

말 무덤

마음을 다스리는
귀소본능을 가지고 있는 언어

사소한 말 한마디로
싸움의 씨앗이 되어
감정 실린 말이 상처를 만든다

가슴과 가슴 사이에 벽을 만들고
말 무덤까지 만들어 가는
인생

먼저 벽을 허물고
다시는 상처가 되는 말
가슴에 묻지 말고
영원히 뚜껑을 열수 없는
무덤 속에서 묻어야 되지 않을까?

제4부 건너온 나룻배

팬데믹

코로나19에 발이 걸렸다

자연을 파괴하는 인간의 탐욕
질서마저 훼손한다

보이지 않는 코로나바이러스가
보통이 아니다
목이 따가워 침을 삼키기 힘들다

밖으로 목젖이 튀어나오는 것 같고
통증이 심한 뼈와 근육과 팔다리에는 힘이 빠진다

작은방에 격리되어
외딴섬에 갇힌 모양새다

넘어진 몸을 일으켜서
유유자적 시詩를 낚으며
좀 쉬어 가고 싶다

왕관을 쓰다

코로나 그물에 걸려든 인간의 탐욕
태양의 흑점처럼 검다

일주일 동안 격리되는 고통
누가 알까마는
탐욕의 악취를 없애버리고
승리의 왕관을 쓰고
격리된 외딴섬을
탈출하고 싶다

건너온 나룻배

입 하나 줄이려고
어린 딸을
첩첩 산골로 시집을 보냈다

폭력과 고된 시집살이에
아픔이 모여 눈물이 계곡물처럼 불어나도
끝내 강물 같은 눈물이 흐르고 있었다

어린 여인이 세상과 단절된 생활을
견디지 못해
시집올 때 건너온 나룻배를 다시 탈 각오를 했다

강 근처에 얼씬 못 하게 하던
감시의 눈초리들
더욱이 강이 꽁꽁 얼어
배를 탈 엄두도 낼 수 없는 한겨울

달도 눈감은 칠흑같이 어두운 밤
겨울바람조차 숨죽인 날
지긋지긋한 곳에서 빠져나올 생각에
나룻배에 희망을 안고 몸을 실었다

삼각뿔처럼 생긴 뱃머리로 얼음을 깨며
건너온 나룻배
슬픈 엄마의 얼굴이 아른거렸다

동의보감촌 시화전

고향 땅 밟는 날
구절초 꽃이 피어
하얀 눈이 내린 것 같은
때 아닌 하얀 산

부산 거주 경호문학회원들
만나려는 상기된 마음

산청을 지키는 느티나무 아래
우뚝 선 문우들
점심으로 준비한 육회 비빔밥
여러 가지 채소 위에 빨간 장미꽃이 피었다

산천의 공기를 버무린 탓인지
목으로 넘어가기가 바쁘다

시화전 행사를 기다리며

바위에 걸터앉아 잠시 쉬는 동안
고향 하늘 아래서
엄마의 품처럼 포근한 햇살에 안겨
깔딱 고개 넘어가던 추억에 잠긴다.

인테리어

코로나 때문에, 집에 머물며
인테리어를 한다

잠시 머물 인생
집보다 새롭게 변화시킬 인테리어를
하고 싶다

미래를 위해
반드시 변화되어야 할
나
지혜로운 자가 되고 싶다

후손에게 물려줄 아름다운 지구
내가 사는 땅은 하나뿐이기에
마음부터 인테리어 하며 환경을 바꾸고 싶다

힌남노

살려고 발버둥 하는 소리
자연 회복을 위해
우리에게 보내는 함성 같다

공존할 줄 모르는 독선적인 욕심
자신의 편리만 취하는 기생충 같다

곳곳이 쓰레기통으로 변한다고 아우성치는 소리

홍수와 태풍은
질서의 파괴를 멈추라고
큰소리치며 한반도를 훑고 지나가는 힌남노

긴 발자국

바닷가 하얀 모래밭에
그대와 나
작은 발자국을 남기며 걸어가고 있다

지난날
당신의 음성이 서툰 파도소리 되어
내 가슴 깊숙이 파고들었다

파도가 해변에 남겨진
나의 발자국을 지워도
가슴에 각인된 발자국은
사라지지 않고 있다

오늘도
지워지지 않는 기억속의 발자국에
미련 묻은 긴 발자국으로 지워간다

그리움

서두르지 않고 멈추지도 않으며
서서히 내 마음에 스며드는 우정

마음 깊은 곳에 담고 있는
고민과 사랑을
때때로 꺼내 보면
손 내 밀며 잡아주는 친구가 그립다

그리워진다는 것은
내가 외로움에서 방황할 때일까
아님, 진한 그리움 때문일까?

나약해지는 날이면
더욱 그리워지는 친구
오늘은 어디서 무엇을 하고 있을까

고향 하늘

남편이라는 굴레 하나로
미지의 길을 동경하며 찾아온
어린 가슴에
눈물 어린 인내심만 곁에 있었다

밤마다 남편 품에 안겨 든
생명 없는 죽부인
더욱 아내를 외롭게 했다

푸른 하늘을 그리워하며
손끝에 닿을 듯
고향은 더욱 가까이에서 손짓했다

대나무 숲 위 높은 하늘에서
자유롭게 날고 있는 새가 되어
질투의 푸른 날개를 편다

끝없는 하늘에 마음을 묻고
신문마다 새겨지는 글자 속으로
날고 있었다

베트남의 고향하늘만
멀리서 쳐다보며
눈물을 흘리고 있었다

질투

그대를 잊지 못해
고요한 시골의 산길을 조심스레 걷는다

하얗게 피어있는 다래 꽃을 보면
옛일이 생각난다

다래 꽃 한 송이 따
나에게 건네주던 철부지 소년
지금은 어디에 살고 있을까?

아름다운 지난날의 추억에 잠겨도
다래 꽃은 나를 본체만체
바람 따라 머리를 흔든다

가로지른 세상

내리막길 계단에서
순식간에 몇 바퀴 굴렀다

구르는 와중에
지나치는 생각
준비 안 된 이별이 두려웠다

육중한 몸뚱이는 계단 끝에서 멈추고
겨드랑이에서 날개가 돋아나듯
새처럼 가벼워진 느낌

저승의 문이 보이지만 들어서지 못한 발걸음
눈을 뜨니 남편의 품이다

짧은 순간
스쳐 간 많은 생각들
경호강 맑은 물속처럼 훤하게 떠오른다

몸살 하는 지구

뜨거운 햇볕에 달구어진 몸
탄산가스나 프레온 가스를 몸에 두르면
곳곳에서 들려오는 아우성이 높다

온실가스는
누리는 자의 배설물

나무가 쓰러지고
생명들이 나락으로 떨어진다

내가 들고 있던 온실가스
슬그머니 에어컨 리모콘을 놓는다

발자국

지나간 발자국을 따라 걷는다

멀리 떨어져 있는 건강을 향해
걸어야 한다

각자의 운명을 만드는 발자국
내 속에 간직한 희망을 이루기 위해
아픔을 참아내며 행복 따라 걸어간다

오륜동 편백 숲이 호수를 끼고 있는
길을 따라
나는 맨발로 황톳길을 걸으며
고되었던 옛날을 생각한다

신선한 하루가 되어
몸과 마음이
호수처럼 맑은 발자국이 되면 좋겠다

도자기의 인내

튼실한 씨앗에서 좋은 열매가 열리듯이
좋은 흙에서 좋은 그릇이 탄생한다

논밭이 아닌
산에서 백토로 태어났다

나만 잘 살면 무슨 의미 있을까
선비가 되려고 고향을 뜬다

잘 버무린 흙덩이를
수백수천 번 다져주는 손길을 거쳐
질척거리지도 마르지도 않은
흙덩이가 꿈틀댄다

선비의 품격을 갖춘
그릇으로 태어나기 위해
불가마의 고통을 참는다

무엇을 담을까
이슬처럼 맑은 울림에
가을 하늘 같은 투명한 마음
차갑고 냉철한 머리와
따뜻한 마음으로
봉사하며 살고 싶다

배곯는 사람 있으면
마당 쓸기를 부탁하더라도
음식을 나눌 수 있는 배려심으로
이웃에게 사랑을 베풀고 싶다

하나의 이름으로 담아내기에는
너무나 크고 아름다운 일생에
바르게 걸었던 감동으로 살아가고 싶다

백비白碑

말 없는 벙어리 비석
나라 잃은 설움에 변명조차 하지 못해
백비白碑로 서 있다

살아생전 두 임금을 모시지 않겠다는
정절을 지킨 의리
동문수학하던 벗들도 흩어지고
돈과 권력을 던져 버린
잃어버린 오백년 고려왕조의 신하

한 자 글도 새기지 말라는 유언에
백비白碑에는
더 많은 이야기가 담겨있다

고려의 다각형 팔각 산소山所가
슬픈 이야기를 조용히 거든다

공기 청정기

깜깜한 밤중
잠에서 깨어나
때때로 나를 지켜보는 큰 눈과 마주쳐
깜짝 놀라 뒷걸음을 친다

쉬는 시간 없이 우리가 자는 시간에도
뜬 눈으로 일을 해도
원망이나 싫어하지 않는 눈빛

우리가 누리는 편안함 그 뒤편에는
누군가의 희생의 눈이 있다는 것을
새삼 느낀다

나사리를 지나며

하늘이 파랗게 펼쳐지던 날
어르신 카드를 발급받은 승차권
난생처음 무임으로 타는 지하철이다

기뻐해야 할지
슬퍼해야 할지
세월의 흐름에 숙연해진다

바다를 옆에 끼고
걷기에 유명한 나사리 길

밤톨 닮은 글쟁이들
생선 비늘로 반짝이는 은빛 바다와
눈을 맞추며 길을 걷는다
다섯 시간을 걸었으나
발걸음은 새털처럼 가볍다

제주도처럼 나지막한 산과 넓은 만
끝없는 수평선과 맞닿은 하늘
아름다움에 지칠 줄 모른다

나사리 해변에서
갈매기의 꿈을 싣고 날개 펼치면
인상파 화가들이 그린
망망한 바다에 까만 점을 찍은 듯한 배와 같다

지하철 유리창이 캔버스 되어
은빛 바다가 추억으로 지나간다

인연

아름다운 정원
레스토랑에서 보기 힘든 설렘이
온몸을 흔들었습니다

만나고 헤어진 사람들
생각에 추억이 모락모락 피어납니다
나와는 인연이 아니었는지
지금쯤 어디에서 아름다운 삶을 살고 있을까
궁금합니다

비로소 한 생을 같이 할 사람이 생겼습니다
나와 비슷한 환경
오랜 기다림 속에서 동행을 하게 되었습니다

아름다운 정원에서
항상 내 뒤편에서 그림자처럼
떠나지 않는 인연이 되었습니다

먼지를 털어내고

바다 닦기를 거르면
눈에 보이지 않는 먼지들도
청소를 안 한 표시가 나듯
몸도 마찬가지다

마음에 쌓인 먼지들은 어떻게 해야 할까?
남에게 준 상처
용서를 구하고
반성하면 벗겨질 수 있을까?

시간의 끝자락에 다다르기 전
알게 모르게 켜켜이 쌓인 먼지
진심을 다해 털어내야겠다

빈 들

바람이 조금만 불어도
떨고 있는 몸으로
황량한 빈 들판에 서서
그대를 기다립니다

지친 기다림을 뒤로하고
발길을 돌리는 순간
발견된 그대의 흔적

못다 한 말들
흔적 없이 사라져도
반가움에 맺힌 눈물로
살포시 덮어 두고
빈들을 떠나갑니다

천리향

꽃나무 사이로 멀리 뻗어나가는 향기로운 길
희미한 추억에 떠오른 님의 향기
발걸음이 멈추어진다

꽃이 작아서 약할 것이라는 추측
코끝에 싸하게 부딪히는 강한 추억이
불씨 되어
온몸을 휘감는다

님이 얼마나 먼 곳에 있기에
천리향이라 부를까

옛 님 보고픈 간절한 마음
천리까지 찾아 헤매고 있다

실수

빈손으로 왔는데도
지우려는 것이 왜 이리 많을까?
내 것이 하나도 없는데
욕심이 만들어 내는 실수

없애려하면 더 만들어져
작은 돌멩이가 큰 돌덩이 되어
가슴을 짓누른다

잔잔한 개울
작은 돌은 떠내려가도
큰 돌은 징검다리 되어 박혀있다

미끄러질 듯 말 듯 건너가는 걸음걸이
조심스레 건너며
실수하지 않으련다

주름살

굴곡진 인생길
골골이 서려 있는 고통을 씻어내고 싶다

어루고 달래며
때로는 손으로 빨래한다

구김살 없는 화창한 날씨
햇살이 살포시 다가와 위로하면
빨랫줄에 늘린 주름진 빨래가
뽀송해진다

따뜻함과 부드러움에 펴진 주름살
얼굴에는 웃음꽃이 피어난다

천도복숭아

확률 낮은 인형 뽑기 같은 놀이
저수지 건너편을 헤엄쳐서 갔다 오면
보상으로 주겠다는 복숭아

온몸을 감싸는 달콤한 향기에 매혹되어
저수지를 헤엄친다

복숭아 맛을 보지 못하고
영영 떠나버린 길

건너편 산에 올라
죽은 자도 살린다는 천도복숭아 되어
물안개 가득한 저수지를 내려다본다

눈물이 모여 있는
마르지 않는
저수지

단절을 넘어

유형과 무형을 연결하며 살아가는
우리 마음속에 놓여있는 다리

단절을 넘어
다른 세계와 연결하려는 열망이
우리의 의지 속에 살고 있다

인간의 힘이 미치지 않는 곳이 없는
현실이지만
무엇으로 튼튼한 다리를 만들까?
종교일까 과학일까
모두가 부지런히 찾고 있다

비온 뒤
이곳에서 저곳으로 이어지는 무지개
아름답고 찬란한 빛으로
그대와 나 이어주겠지

불나방

몸을 송두리째 불구덩이로 던지는
불나방
그게 사랑일까?

불에 타버릴 사랑
순식간에 재가 되어
흔적도 없이 사라져도
굴하지 않는 영혼이 자유로운 불나방

불빛에 현혹되어
앞뒤 둘러보지 않는 것이
순수한 사랑일까?

나는 불나방을 바라보며
사랑의 의미가 무엇인지
곰곰이 생각해 본다

모래시계

꽃이 봉오리를 맺고
비바람에 흔들리며
피었다 지는 것이
모래시계의 모래가 흐르기 때문일까?

언젠가는 멈추어야 하는
마지막을 향해 달리는 모래
지금도 쉬지 않고 흘러내린다

영원한 것은 없는 것
헤어짐은 슬프지만
새로운 삶의 시작일 뿐

오늘 하루가
모래시계를 타고 계속 흐르고 있다

별빛 같은 눈망울

마이애미 해변 야외 카페
딸과 함께
맥주에 별빛을 섞어 마신다

노련함이 몸에 배인
무대에 오른 바이올린니스트
부인과 개구쟁이 아들까지 소개한다

시고이네르 바이젠 선율은
호수를 바람 한 점 없이 고요를 만들고
내 마음의 주름을 펴준다

나의 테이블 앞에서
연주자는
집시가 춤을 추듯 현란하게 연주를 한다

간절함이 깃든 눈빛으로 바라보던
연주자의 어린 아들과 나와 눈이 마주쳤다

많은 세월이 흐른 지금도
별빛 같은 그 눈망울이
나를 따라 다닌다

<발문>

백조의 꿈을 엮으며 사는 시인

- 조미곤의 시집 백조의 꿈을 읽고 -

최원철 (부산대학교 명예교수, 시인, 수필가)

시작품은 시인이 내면에 품고 있는 정신적 산물을 언어로 담아내는 것이다. 그렇기 때문에 시詩는 문학 중에 대단히 중요한 자리를 차지하고 있다. 시인은 언어의 창조자이며 자연과 상상의 세계를 마음대로 드나들 수 있는 신으로부터 특혜를 받은 존재인 것이다. 타자와 자아를 서로 환원시키기도 하고 현실 세계로 끌어내기도 한다. 냉철한 눈으로 어떤 직관적인 현상 뒤에 숨어 있는 의미를 은유적으로 혹은 이미지화시켜서 나타내기도 하는 마술사와 같은 사람이 시인이다.

조미곤 시인은 오래전부터 아동문학가로서 천진난만한 세계에서 살아온 분이다. 그는 항상 백조같이 깨끗한 마음을 가지고 늘 헌신적인 생활을 해온 것 같다. 그의 작품에서 제1부 「백조의 꿈」, 제2부 「마중물」, 제3부 「완장」, 제4부 「건너온 나룻배」로 나누어 편집

하였다.

『제1부 백조의 꿈』 에서

그대를 그리던 꿈속에서
하얀 백조 한 마리
한아름 고뇌를 안고 불안전한 날개를 펼치며
눈물 되어 흐르는 양산천에 내려앉았다

군무에서 낙오된 슬픈 모가지 숙인 채
옛 기억을 달고 있는 퉁퉁 부은 두 눈두덩에
애처로운 날갯짓은 무엇을 말할까?

옛것은 흔적 뒤에 숨어들고
바람이 세차게 부는 강변
모래알 휘날리던 시절은 가고
회색빛 시멘트 둑 위를 연인들이 걷고 있다

강줄기 끝에서 미지의 안개가 아름답게 피어나던 그때
나는 꿈길을 헤매며 그대를 만나
그대는 나의 시가 되어 그리움이 무엇인지 속삭여주었다
물 위에 앉아 끊임없이 저어보는 붉은 물갈퀴
그 속에 생의 집념이 가득 스며있어
내가 늘 간직한 멋스러운 그대를 상상하며
하루하루 기쁨으로 꿈꾸며 산다

- 「백조의 꿈」 전문 -

위의 시詩, 제1연에서 조미곤 시인은 사랑하는 이를 생각하며 꿈속에서 하얀 백조처럼 순수하고 깨끗한 마음으로 "한 아름 고뇌를 안고" "양산천에" 내려앉는다. 이것은 아마도 조미곤 시인의 정착한 곳이 양산천 부근인 것 같다. 특히 양산천이 유유히 흐르는 것이 아니라 "눈물 되어 흐르는 양산천"이었다. 이곳은 안착해서 살 호화롭지 않은 환경을 이야기하고 있다. 어려움이 많은 조건을 가지고 정착한 셈일 것이다.

제2연에서도 살아가는 집단에서 낙오된 기억을 가지고 울며 살아갈 곳을 내리는 모양을 애처로운 날갯짓으로 말하고 있다.

제3연에서 "바람이 세차게 부는 강변"에는 어느덧 세월이 흘러 거친 환경은 물러가는 것을 알 수 있다. 이러한 현상을 시인은 "모래알 휘날리던 시절은 가고"라고 말하며 강변 둑에는 연인들이 걷고 있는 것을 발견한다.

제4연에서 삶이 어느 정도 저물 무렵에 시인은 그리워하던 사람을 만나게 되고 그 만남이 시詩가 되어 속삭이고 있다.

제5연에서 삶의 강물 위에서 겉으로는 물 위에 우아하게 떠 있지만 물 아래에서는 "붉은 물갈퀴"를 저으며

사랑하는 사람을 만나 "하루하루 기쁨으로 꿈꾸며 산다"고 한다. 아름다운 백조는 꿈속에서 살고 있다.

시인의 삶이 백조처럼 살아도 옛 어린 시절에 있었던 일들을 생각한다. 누구나가 다 어린 시절의 감정이 가장 순순하고 아름다운 추억일 것이다.

시詩를 쓰는 시인들은 먼저 풍요로운 감정을 가져야 한다. 그 감정의 영역이 넓으면 그만큼 시詩를 짓는 사고의 능력도 향상되는 것이다. 폭 넓은 감정이 있어야 하고 그 감정의 영역 위에 정서를 키워나가야 할 것이다. 그리고 그 정서에서 서정의 꽃을 피우고 열매를 맺어야 하는 것이다. 열매를 맺는다는 것은 아름다운 시詩를 완성하는 것을 말한다.

미루나무 가지 꺾어 만든 피리
굵기와 길이에 따라
소리가 다르다

서툰 울음에
정련된 경험을 쌓아가고 있었다

얇게 저민 피리 끝에
입안에 풋내 가득할 때

가슴을 부풀게 하는 높은 소리가
봄을 알리기도 했다

불고 또 불어
이제 나는 활기찬 노래로
사람들의 가슴에 봄을 안기리라

-「버들피리」전문 -

위의 시詩, 제1연에서 "... 굵기와 길이에 따라/소리가 다르다" 봄이 오면 버들피리를 만들어 부는 어린 시절에서 얻어진 경험이다. 이러한 경험이 현실의 삶도 마찬가지일 것이다. 서정의 원천인 감정의 영역(굵기와 길이)에 따라 이루어지는 삶의 무게가 달라짐을 나타내는 의미가 숨어 있는지도 모른다.

제2연에 "서툰 울음"은 무엇일까? 시인은 처음 만든 버들피리는 아직 소리내기에 둔탁할 뿐이다. 소리를 낼 수 있도록 자꾸 불어야 올바른 소리를 낼 수 있듯이 우리의 삶도 마찬가지다. 그러므로 많은 경험으로 정련된 소리가 나올 수 있기 때문에 "서툰 울음에/정련된 경험을 쌓아가고 있었다"고 말하고 있다.

제3연에 조 시인은 피리를 불 때에 피리 끝은 고운 소리를 낼 수 있는 현상을 "얇게 저민 피리 끝에/입안에

풋내가 가득할 때/가슴을 부풀게 하는 높은 소리가/봄을 알리기도 했다"라고 말한다.

제4연에서 조 시인은 "불고 또 불어/이제 나는 활기찬 노래로/사람들의 가슴에 봄을 안기리라"고 자신의 계획을 이야기한다. 자신이 불고 있는 버들피리가 시詩일 것이다. 시詩로서 새로운 삶을 알리고자 하는 마음이 엿보인다.

인생은 부모를 마음대로 선택할 수 없이
엄마 뱃속에서부터 삶이 시작된다

선택을 못 해 머뭇거리는 순간에도
후회할 수 없이
끝내 되돌아올 수 없는 숙명의 길

원하지 않았던 엄마의 길을 걸으며
가시덩굴 무성한 길에 가끔 접어들기도 한다

만일 뜻대로 다른 길을 선택할 수 있다면
지금의 나와 무엇이 달랐을까?
남은 길을 다르게 걸어 볼까 생각했으나
길지 않는 인생에
여러 갈래 길이 내 앞에 놓여 있었다

잘못된 길로 들어서려다
몇 번의 소나기를 만나
호되게 아픔을 앓고 날 때마다
나이테가 조금씩 넓어지고
뿌리까지 튼튼해졌다

-「길을 걸으며」 전문 -

조미곤 시인은 인생의 길을 깨달으며 걸어온 길에 여러 가지 일들이 놓여 있음을 알 수 있다. 그 길 가운데 내가 마음대로 길을 택할 수 있다고 생각했지만, 시인은 태어날 때도 내가 부모를 선택해서 태어나는 것이 아님을 말하듯이 살아가는 여정의 길도 마찬가지임을 이야기한다. 아무리 그 길로 가고 싶어도 못 가고 결국 어머니가 걸었던 그 길을 걷게 되는 것이다. 그래서 시인은 "호되게 아픔을 앓고 날 때마다/나이테가 조금씩 넓어지고/뿌리까지 튼튼해졌다"고 마지막 독백을 하게 된다.

그러나 그 삶에서 그냥 살아가는 독백만이 아니다. 삶을 더 윤택하게 하고 싶은 일을 토로하고 있다. 아래 시詩에서

갓 태어난 도자기에
무엇으로 채울까?
부드러운 소리일까, 강인한 힘일까

이슬처럼 맑은 울림이 있고
가을 하늘처럼 맑고 투명한
마음을 담고 싶다

겨울처럼 차갑고 냉철한 머리에
봄바람처럼 따뜻한 마음 가지고
봉사하며 살고 싶은 삶이 그립다

불의를 물리치고
사랑으로 감싸며
주변을 기쁘게 하고 싶다

–「채우고 싶은 마음」 전문 -

시詩 작품을 대하다 보면 그 소재를 다루고 있는 내용이 작가의 세계를 그려내는 것을 가끔 발견하게 된다. 시詩 작품에서 나타나는 대상과 작가의 심정과 조우하여 나타내고자 하는 관련성을 형성하게 되는 것을 볼 수 있다. 인간의 삶이 한낱 시詩로 그려내기는 어렵지만 조미곤 시인은 인생의 「길을 걸으며」 그냥 걷는 것이

아니라 마음을 풍성하게 「채우고 싶은 마음」 것들을 노래하고 있다. 시인은 “부드러운 소리”나 “강인한 힘”보다 “이슬처럼 맑은 울림이 있고/가을 하늘처럼 맑고 투명한/마음”으로 채우고 싶고, 추운 겨울에 봄바람처럼 따뜻한 마음으로 봉사하는 삶을 채우고 싶어 한다. 그래서 결국 “불의를 물리치고/사랑으로 감싸며/주변을 기쁘게 하고 싶”은 마음으로 삶을 채우고 싶어 하는 바람이요 노래다.

조 시인은 『제2부 마중물』 에서 시詩의 세계에서 쏟아내어 놓을 수 있는 역할을 하는 것은 어머니라는 단어가 마중물이다. 모든 삶의 근원이 어머니였으며 어머니의 삶이 시인의 마중물이기 때문이다.

엄마라는 단어가
바람결에 스쳐 지나만 가도
내 삶에 마중물이 된다

물이 배관 속으로 흡입되어
가슴에 닿는 순간
펌프질하면
길어 올린 물을 배출 한다

나의 고단했던 삶이
울컥 쏟아질 때
갑갑했던 속이 시원하기도 하고
아프기도 하다

– 「마중물」 의 전문 –

글을 쓸 때 내용은 사고영역에서 펼쳐지고 작가의 능력은 표현영역에서 나타난다. 조미곤 시인은 '엄마라는 단어'에서 자신의 시詩의 작품을 길러내는 마중물이라고 생각한다. 마중물이라는 것은 우물이나 배관에 들어있는 물을 끌어올릴 때 적은 양의 물을 미리 붓고 펌프질을 해서 필요한 물을 계속 끌어올리게 되는데 먼저 붓는 적은 양의 물을 마중물이라고 한다. 과거 어머니와 함께 보낸 시절을 회상할 때마다 어머니가 그리움의 마중물이 되는 것이다. 조 시인은 "고단했던 삶이/울컥 쏟아질 때/갑갑했던 속이 시원하기도 하고/아프기도 하다"고 하는 시인의 정신적 사고영역의 면모를 짐작케 한다.

조미곤 시인의 부부생활을 언급한 것을 살펴보자.

남편은 나를 위해
맨발로 걸을 수 있는 황톳길을 만들었다

세상에 하나뿐인
'조이풀 로드' 라고 이름 붙였다

비록 괴로움이 무릎을 꿇게 해도
고된 현실의 구속에서 자유롭게 걷고 싶다

화장기 없는 얼굴에
편한 옷을 입고
신마저 벗어 던진 맨발로 걷고 싶다

나는 "조"
남편은 "이" 씨
나를 알아보는 사람이 없는 곳에서
길섶 풀이 자란 '조이풀' 로드 위를 걸어간다

"이" 는 하늘에 올라 별을 따다
이슬에 별빛을 녹여가며
아름답고 기쁨 가득 찬 길을 함께 걸어가고 있다
-「조이풀 로드」의 전문 -

아마도 조 시인은 어딘가에 신체적 아픔을 간직하고

있는 것 같다. 일반적으로 민간요법으로 건강을 위해서 맨발로 흙을 밟거나 자갈길을 걷는 것을 선호하고 있다. 현재 발달된 일상생활 속에서 맨발로 흙을 밟기가 힘들기 때문일 것이다. 온통 주위가 시멘트로 도포 되어 있어서 자연과 바로 접하기가 쉽지 않다.

조 시인의 남편은 아내를 위해 '맨발로 걸을 수 있는 황톳길을 만들었다'. 그리고 나서 그 길을 "세상에 하나뿐인/'조이풀 로드'라고 이름 붙였다". '조이풀 로드'라는 의미를 시詩에서 찾아 볼 수 있다. 다섯 번째 연에서 <나는 "조" 씨/남편은 "이" 씨>라고 말하고 있다. 조와 이를 합하면 '조이'가 되는데 공교롭게도 영어 발음의 joy가 되어 '기쁨'을 나타내고 있다. 대단히 흥미로운 길이 되었다.

『제3부 완장』 에서 어린시절의 시인은 몸이 약한 편에 속한 듯하다.

어린 시절
멍이 들도록 완장을 찬 아이에게 맞아
꿈틀거릴 힘조차 없던 나
팔에 완장을 둘렀다

완장의 무게는 무겁고
힘은 강했으며
나는 뽐내고 싶은 마음에 갇혀버렸다

알지 못했던 완장에서
권력이 탄생하고
부지런함까지 스며들어
모범생이라는 빛을 발하게 되었다

두 개의 얼굴을 가지고
나를 저울질하는 완장이었다

-「완장」의 전문 -

이 작품의 배경은 아마도 초등학교 시절을 회상하며 쓴 글이 아닌가 싶다. 반장이나 다른 일에 완장을 두른 아이에게 힘없이 얻어맞고 지나다가 어떤 일에서 완장을 차게 되었는지 모르지만, 시인의 어린 시절 완장을 차게 되었다. 실은 지금 생각하면 아무것도 아니라고 생각하기 쉬운 "완장"이지만, 완장을 차고 나니 주위에서 보는 눈부터 달라지고 자신도 힘을 얻게 된 사실을 말하고 있다. 시인은 "알지 못했던 완장에서/권력이 탄생하고" 스스로의 자신감에서 "부지런함까지 스며들어

/모범생"까지 된 것을 말하고 있다. 상당히 플러스 쪽으로 발전되어 큰 다행이었다. 이것을 볼 때 오늘날 선량들의 행위를 연상하게 된다. 국회에 들어가기까지는 고개 숙이고 겸손하지만 되고 나면 그 지위에서 나오는 힘으로 다스리려 하는 모습을 볼 수 있는 것을 은유적으로 느끼게 하고 있다. 그래서 시인은 마지막 연에서 "두 개의 얼굴을 가지고/나를 저울질하는 완장이었다"고 독백하고 있다. 시詩가 말하는 의미가 조금 다를지 몰라도 상실된 현 사회성을 나타내는 것이 아닌가 생각된다.

조 시인이 많은 세월 지났지만 시인 자신이나 다른 사람이 가지는 상처가 있다면 용서하는 마음으로 나머지 삶을 살고 싶어 하고 있다.

상처 있는 마음에 진정성 없는 화해는
상처만 더 깊어지고
성벽이 철갑을 두른 듯
경계하는 마음만 더 두꺼워진다

외로운 시간은
그믐에 비춰오는 달빛이
일렁이는 바다의 파도와 같았다

일흔이 자리 잡은 언저리
젊음이 빠져 나가 버린 나이에
마음으로 감싸 안으며
괴로움을 사랑으로 바꾸고 싶다

-「용서하는 마음으로」의 전문 -

우리가 서로 상처를 가지고 있다면 진정성 없는 화해는 오히려 상처만 깊게 하고 서로 간의 소통할 수 없는 벽만 더 두꺼워진다는 것을 시인은 말하고 있다. 이렇게 용서할 마음이 없는 상태로 굳어진다면 외롭고 고독함만 찾아올 뿐이다. 그래서 "외로운 시간은/그믐에 비춰오는 달빛이/일렁이는 바다의 파도와 같았다"는 것으로 표현하고 있다. 그래서 오랜 세월 지난 지금이라도 상처 입은 마음을 감싸 안으며 괴로움을 사랑으로 바꾸고 싶은 마음을 나타내고 있다.

『제4부 건너온 나룻배』는 주로 삶의 질곡의 순간들을 나타내고 있다. 현 사회에서 보기 힘든 사건을 배열하고 있다. 여기에서 개인이 가지는 이야기story와 플롯plot이 있다. 독자들이 알다시피 이야기story는 주로 작품으로 만들어지기 전에 일들을 근거로 하는 것이 대부분

이라면, 플롯plot은 개별적인 사건들을 선택하여 관련성 있는 의미를 부여하고 배치하는 기법이라고 설명하면 되겠다. 아래 시詩에서는 가난했던 옛 시절에 있을 이야기story도 되겠지만 오늘날 사건으로 시적 플롯plot 기법으로 재배치시킨 듯하다.

일반적으로 시적 플롯plot체계는 여러 학자들에 따라 다소 다르게 말하고 있다. 통상적으로 대결-위기-절정-해결의 단계로 나누기도 하지만, 기起-승承-전轉-결結로 나눈다든지, 또는 발단-상승-위기-하강-결말 등 5단계를 나누며 또 어떤 학자들은 나름의 시적 플롯plot체계를 만들어 설명하고 있다. 그러나 아래 시詩에서 5단계를 채택해 설명하고자 한다.

입 하나 줄이려고
어린 딸을
첩첩 산골로 시집 보냈다

폭력과 고된 시집살이에
아픔이 모여 눈물이 계곡물처럼 불어나
끝내 강물 같은 눈물이 흐르고 있었다

어린 여인이 세상과 단절된 생활을

견디지 못해
시집올 때 건너온 나룻배를 다시 탈 각오를 했다

강 근처에 얼씬 못 하게 하던
감시의 눈초리들
더욱이 강이 꽁꽁 얼어
배를 탈 엄두도 낼 수 없는 한겨울

달도 눈감은 칠흑같이 어두운 밤
겨울바람조차 숨죽인 날
지긋지긋한 곳에서 빠져나올 생각에
나룻배에 희망을 안고 몸을 실었다

삼각뿔처럼 생긴 뱃머리로 얼음을 깨며
건너온 나룻배
슬픈 엄마의 얼굴이 아른거렸다

-「건너온 나룻배」의 전문-

제1연에서 "입 하나 줄이려고/어린 나이의 딸을/첩첩 산골로 시집을 보냈다"를 사건의 발단 단계인 것이다. 시집간 딸의 생활을 제2연에서 설명한다. "폭력과 고된 시집살이에/아픔이 모여 눈물이 계곡물처럼 불어나도/끝내 강물 같은 눈물이 흐르고 있었다"고 한다. 이

는 상승 단계다. 그다음 제3, 4연에서 위기의 단계로 구분하고자 한다. “어린 여인이 세상과 단절된 생활을/견디지 못해/시집올 때 건너온 나룻배를 다시 탈 각오를 했다// 강 근처에 얼씬 못 하게 하던/감시의 눈초리들/더욱이 강이 꽁꽁 얼어/배를 탈 엄두도 낼 수 없는 한겨울” 그다음 제5연에 “달도 눈감은 칠흑같이 어두운 밤/겨울바람조차 숨죽인 날/지긋지긋한 곳에서 빠져나올 생각에/나룻배에 희망을 안고 몸을 실었다”는 하강의 단계이다. 거의 해결점에 이르고 있다.

마지막 연에서 결론을 내는 결말의 단계라고 설명하고 싶다. “삼각뿔처럼 생긴 뱃머리로 얼음을 깨며/건너온 나룻배/슬픈 엄마의 얼굴이 아른거렸다”라고 읊고 있다. 이때 시인은 마지막 고생하던 어머니의 모습을 떠올리며 노래를 끝낸다.

이와 같은 형식을 도입해서 마지막으로 한 가지 예를 들어보자.

내리막길 계단에서
순식간에 몇 바퀴 굴렀다

구르는 와중에
지나치는 생각
준비 안 된 이별이 두려웠다

육중한 몸뚱이는 계단 끝에서 멈추고
겨드랑이에서 날개가 돋아나듯
새처럼 가벼워진 느낌

저승의 문이 보이지만 들어서지 못한 발걸음
눈을 뜨니 남편의 품이다

짧은 순간
스쳐 간 많은 생각들
경호강 맑은 물속처럼 훤하게 떠오른다

- 「가로지른 세상」 의 전문 -

제1연 "내리막길 계단에서/순식간에 몇 바퀴 굴렀다" 시詩가 시작되는 곳이다. 시詩의 현재 상태, 앞으로 나타날 사건에 대한 암시를 나타내고 있다. 도입부로서 사건의 발단단계이다.

제2연 "구르는 와중에/지나치는 생각/준비 안 된 이별이 두려웠다"에는 발단단계에서 좀 더 설명을 명확하게 하며 사건의 모순이나 결핍을 보충해 주는 역할로

상승단계라 말할 수 있겠다.

제3연에 “육중한 몸뚱이는 계단 끝에서 멈추고/겨드랑이에서 날개가 돋아나듯/새처럼 가벼워진 느낌”이라는 표현으로 위기의 단계에 들어선다. 이 시편에서 클라이맥스와 같은 곳이기도 하다.

제4연에서 “저승의 문이 보이지만 들어서지 못한 발걸음/눈을 뜨니 남편의 품이다”라고 읊었는데 이는 전형적인 하강 단계로 보면 되겠다.

제5연에 “짧은 순간/스쳐 간 많은 생각들/경호강 맑은 물속처럼 훤하게 떠오른다”은 결말부로서 결정적 사건의 모든 문제를 해결하는 곳이다. 시詩의 소재를 느낄 수 있는 감동이 있는 곳이기도 하다.

조미곤의 시편들은 대부분 서정시에 속한다. 시인 자신의 모든 체험을 감정의 상태로 시詩를 쓰는 것은 시문학의 기본을 이루고 있다. 시인이 겪어 왔던 모든 경험이나 사건들을 일반적으로 예술의 특성이 높고 풍부하다.

특히 조 시인의 시詩들은 어린아이들과 같은 순수한 마음을 가진 내용 전체가 깨끗하다. 수많은 시詩들이 이 시집의 제목같이 “백조의 꿈”과 같은 시로 노래하고 있는 것이 특징이다. 읽을 때의 어려움도 없고 솔직한 그

대의 마음을 드러내고 있다. 즉 요즘 유행처럼 번져나가는 난해한 시詩가 아니기 때문이다. 조 시인은 난해하고 어려운 데서 시詩의 소재를 찾는 것이 아니라 평범하게 나타나고 누구든지 접할 수 있는 사건들을 시詩로 엮어내고 있다. 그러므로 대중성이 매우 높다고 생각된다. 우리 민족의 혈관에는 시조 풍의 시詩들이 많이 흐르고 있기 때문이다.

앞으로 조미곤의 독특한 서정적 시詩의 세계를 열기를 바란다. 첫 시집을 발간하게 됨을 진심으로 축하하는 바이다.

백조의 꿈

2024년 6월 17일 인쇄
2024년 6월 20일 발행

지은이 | 조미곤
펴낸이 | 박중열
펴낸곳 | 다솜출판사
부산광역시 중구 대청로 135번길 10-1
TEL.(051)462-7207~8 FAX. 465-0646
등록번호 1994년 4월 22일 제325-2001-000001호

정가 20,000원

ISBN 978-89-5562-776-3 03810

JN411990